¡Animales bebés en la naturaleza!

Cachorros de castor en la naturaleza

por Katie Chanez

Bullfrog
en español

Ideas para padres y maestros

Bullfrog Books permite a los niños practicar la lectura de textos informativos desde el nivel principiante. Las repeticiones, palabras conocidas y descripciones en las imágenes ayudan a los lectores principiantes.

Antes de leer

- Hablen acerca de las fotografías. ¿Qué representan para ellos?

- Consulten juntos el glosario de las fotografías. Lean las palabras y hablen de ellas.

Durante la lectura

- Hojeen el libro y observen las fotografías. Deje que el niño haga preguntas. Muestre las descripciones en las imágenes.

- Léale el libro al niño o deje que él o ella lo lea independientemente.

Después de leer

- Anime al niño para que piense más. Pregúntele: Los cachorros de castor nadan y pasan mucho tiempo en el agua. ¿Puedes nombrar otros animales bebés que nadan?

Bullfrog Books are published by Jump!
5357 Penn Avenue South
Minneapolis, MN 55419
www.jumplibrary.com

Library of Congress Cataloging-in-Publication Data

Names: Chanez, Katie, author.
Title: Cachorros de castor en la naturaleza / por Katie Chanez.
Other titles: Beaver kits in the wild. Spanish
Description: Minneapolis, MN: Jump!, Inc., [2024]
Series: ¡Animales bebés en la naturaleza!
Includes index.
Audience: Ages 5–8
Identifiers: LCCN 2022061251 (print)
LCCN 2022061252 (ebook)
ISBN 9798885248419 (hardcover)
ISBN 9798885248426 (paperback)
ISBN 9798885248433 (ebook)
Subjects: LCSH: Beavers—Infancy—Juvenile literature.
Classification: LCC QL737.R632 C4318 2024 (print)
LCC QL737.R632 (ebook)
DDC 599.3713/92—dc23/eng/20230106

Editor: Eliza Leahy
Designer: Molly Ballanger
Translator: Annette Granat

Photo Credits: Robert B McGouey/All Canada Photos/SuperStock, cover; KamalaNPS/Shutterstock, 1; JasonOndreicka/iStock, 3; Michael D. Bowen/Shutterstock, 4, 23bm; Zoran Kolundzija/iStock, 5, 23tl; Klaus Brauner/Shutterstock, 6–7; Jody Ann/Shutterstock, 8; Photoshot - NHPA/SuperStock, 9, 23br; Suzi Eszterhas/Minden Pictures/SuperStock, 10–11; Tom Uhlman/Alamy, 12–13, 23tm; Jeff Foott/Minden Pictures/SuperStock, 14; Robert McGouey/Wildlife/Alamy, 15, 22br; stanley45/iStock, 16–17; Dan Pepper/iStock, 18; Matthew H Irvin/iStock, 18–19, 23bl; Bernd Zoller/imageBROKER/SuperStock, 20–21; Stan Tekiela Author/Naturalist/Wildlife Photographer/Getty, 22 top; Diane079F/iStock, 22bl; tuulijumala/Shutterstock, 23tr; Geoffrey Kuchera/Shutterstock, 24.

Printed in the United States of America at Corporate Graphics in North Mankato, Minnesota.

Tabla de contenido

Mira el estanque.
¡Hay una madriguera
de castores!

madriguera

Una mamá y sus cachorros salen.

cachorro

Ellos nadan.

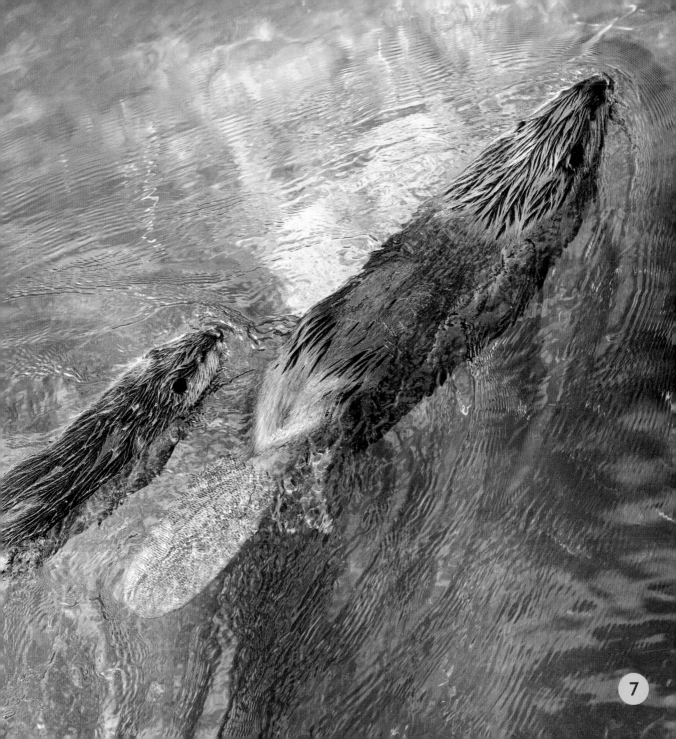

La cola los ayuda.

cola

Sus patas palmeadas también los ayudan.

Ellos buscan comida.

Ellos comen hojas y corteza.

¡Mmm!

Los cachorros crecen.

Ellos se quedan con el grupo.

A este se le llama colonia.

colonia

Ellos mastican madera.
¿Por qué?

¡Sus dientes nunca paran de crecer!

Masticar los mantiene cortos.

diente

Los cachorros crecen.
Ellos usan sus dientes
para cortar árboles.

Uno construye un dique.
Él usa palos y lodo.
El dique detiene el agua.

dique

Ahora el castor puede
construir su propia
madriguera.

¡Que te diviertas
construyendo!

Las partes de un cachorro de castor

¿Cuáles son las partes de un cachorro de castor?
¡Échales un vistazo!

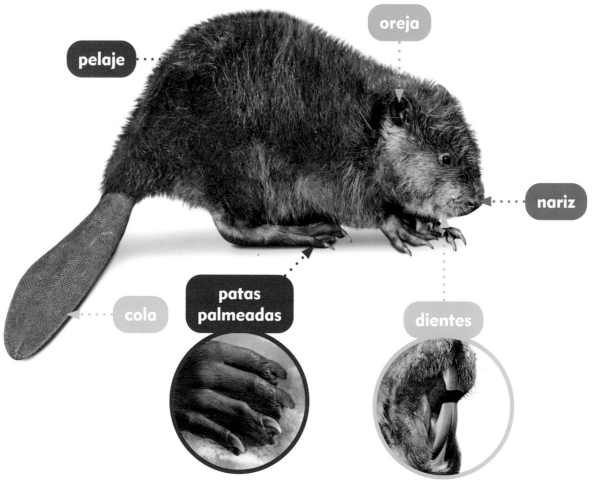

pelaje

oreja

nariz

cola

patas palmeadas

dientes

Glosario de fotografías

cachorros
Castores bebés.

colonia
Un grupo de
castores.

corteza
La cubierta externa
dura que cubre los
troncos de los árboles
y otras plantas.

dique
Una barrera a través
de un riachuelo o
un río que detiene
el agua.

madriguera
El hogar de
un castor.

patas palmeadas
Conectadas por
pliegues de piel.

Índice

Para aprender más

Aprender más es tan fácil como contar de 1 a 3.

❶ Visita www.factsurfer.com

❷ Escribe "cachorrosdecastor" en la caja de búsqueda.

❸ Elige tu libro para ver una lista de sitios web.